Sascha Noack

Elektronische Marktplätze

GRIN Verlag

Bibliografische Information der Deutschen Nationalbibliothek:

Die Deutsche Bibliothek verzeichnet diese Publikation in der Deutschen National-
bibliografie; detaillierte bibliografische Daten sind im Internet über http://dnb.d-
nb.de/ abrufbar.

Impressum:

Copyright © 2002 GRIN Verlag GmbH
Druck und Bindung: Books on Demand GmbH, Norderstedt Germany
ISBN: 978-3-638-77122-1

GLOBAL RESEARCH & INFORMATION NETWORK

Elektronische Marktplätze

von

Sascha Noack

FACHHOCHSCHULE PFORZHEIM

Hochschule für Gestaltung, Technik

und Wirtschaft

Studiengang:

Wirtschaftsinformatik

Management-Seminar

WS 2002/ 2003

Business to Business Marketing Management:

Elektronische Marktplätze

Noack, Sascha

6. Semester

Abgabetermin: 04.12.2002

Inhaltsübersicht

1. Einleitung

Nach dem Ende des New-Economy-Hypes und zahlreichen Pleiten auch im Bereich der elektronischen Marktplätze sind diese trotzdem ein wichtiger Bestandteil im B2B-Handel geworden.

Im Vordergrund steht eine automatisierte Unterstützung der Teilnehmer bei der Anbahnung und Abwicklung von Geschäften.

Die Hausarbeit befasst sich zunächst mit den Begriffen „E-Commerce" und „Elektronische Marktplätze" um dann in Kapitel 3 detailliert auf die Erscheinungsformen und Ausprägungen von elektronischen Märkten einzugehen.

Ein wichtiger Aspekt ist die Sicherheit bei der Anbahnung und Abwicklung von Geschäften über das Internet, da hier oft geschäftskritische Daten über öffentliche Netze übertragen werden. In Kapitel 4 werden verschiedene Sicherheitsanforderungen an einen Marktplatz abgehandelt.

Ein wichtiger Erfolgsfaktor für das Überleben eines Online-Marktplatzes sind sicher die integrierten Zusatzleistungen (eServices), welche am Beispiel der Zahlungsabwicklung in Kapitel 5 erklärt werden.

In Kapitel 6 wird der Marktplatz SupplyOn, der im Jahre 2000 von und für die Automobil-Zuliefererindustrie ins Leben gerufen wurde, genauer betrachtet.

Auf die Chancen/ Risiken sowie die strategischen Erfolgsfaktoren elektronischer Marktplätze wird im Rahmen einer weiteren Hausarbeit eingegangen.

2. Einstieg in die Thematik E-Commerce und elektronische Märkte

2.1 Definition des E-Commerce

„Doing business electronically"[1] ist wohl die kürzeste Definition des Begriffes E-Commerce. Dieser kann auch als Transaktion zwischen selbständigen Wirtschaftssubjekten, durch die der Austausch von wirtschaftlichen Gütern gegen Entgelt begründet wird (Handel im weiten funktionellen Sinn), definiert werden. Hierbei wird nicht nur das Angebot elektronisch offeriert, sondern es erfolgt auch die Bestellung bzw. die Inanspruchnahme elektronisch unter Verwendung eines interaktiven Mediums.[2]

Somit ist schon eine einfache Bestellung per Internet über die Website bzw. den Online-Shop eines Anbieters eine E-Commerce-Aktivität.

---

[1] Vgl. Internetquelle: www.cordis.lu/esprit/src/ecomcom.htm: Europäische Kommission, ESPRIT: European Initiative in Electronic Commerce, 1997
[2] Vgl. Hermanns & Sautter: Die elektronische Geschäftsabwicklung über öffentliche und private Netze, 1999, S. 4

2.2 Elektronische Marktplätze

Märkte werden als Orte des Tausches, an denen Angebot und Nachfrage aufeinander treffen, definiert.[3]

Unter elektronischen Marktplätzen, einem Teilbereich des E-Commerce, versteht man Systeme, auf denen mit Hilfe von Informations- und Kommunikationstechniken marktähnliche Transaktionen zwischen Käufern und Anbietern stattfinden.

Elektronische Marktplätze sind Many-to-One-to-Many Beziehungen, d.h. die Marktteilnehmer auf Verkäufer- und auf Käuferseite lösen ihre bisherigen Point-to-Point Beziehungen auf und tätigen ihre Geschäfte über einen gemeinsamen virtuellen Handelsraum.[4]

Hierzu ist noch auf den Begriff One-Stop-Shopping zu verweisen, welcher wörtlich übersetzt „alles aus einer Hand bedeutet":[5]

Auf einem Marktplatz muss der Einkäufer nicht mehr verschiedene Webseiten ansteuern oder teure EDI-Schnittstellen zu seinen Stammlieferanten realisieren, sondern kann seine Geschäfte bequem und zeitsparend über eine Plattform abwickeln.[6]

Elektronische Marktplätze unterstützen idealerweise folgende **Transaktionsphasen** einer Geschäftsbeziehung zwischen Unternehmen:

In der **Informationsphase** findet der erste Kontakt zwischen den am Marktplatz agierenden Unternehmen statt. Hier informiert sich der Interessent über ein Produkt, dessen Spezifikationen, Preis, Lieferbedingungen, etc. der verschiedenen Anbieter und entscheidet dann, ob und von wem er dieses Produkt beziehen möchte.[7]

Hier ist schon ein Vorteil elektronischer Märkte gegenüber konventionellen Beschaffungsvorgängen ersichtlich: der Interessent muss nicht in unzähligen Katalogen blättern und mehrere Internetseiten durchforsten, sondern bekommt die gewünschte Information gebündelt auf einer Plattform.

Die Kontaktaufnahme mit dem ausgewählten Anbieter, sowie die Verhandlungen der Liefer- und Zahlungsbedingungen und der Garantie- und Serviceleistungen finden in der **Vereinbarungsphase** statt. Die **Durchführungsphase** umfasst das eigentliche Geschäft: die Ware gelangt zum Kunden und der Kunde bezahlt im vereinbarten Verfahren. Die **After-Sales-Phase** bietet Retourenabwicklung, Kundendienst und sonstige Serviceleistungen.[8]

---

[3] Vgl. Brenner W./ Breuer: Elektronische Marktplätze, 2001, S. 142
[4] Vgl. Glasner, Dr. Kurt: Information Management & Consulting 16, 2001, S. 80
[5] Vgl. Internetquelle: www.eboss.ch/glossar.html
[6] Vgl. Deutsch, Markus: Electronic Commerce, 1999, S. 62 ff.
[7] Vgl. Heilmann, Heidi: Elektronische Marktplätze, HMD 223, 2002, S. 10
[8] Vgl. Heilmann, Heidi: Elektronische Marktplätze, HMD 223, 2002, S. 10

Um eine noch stärkere Integration in die elektronische Abwicklung zu ermöglichen, gibt es so genannte eServices, die von der Logistik bis hin zum Inkasso usw. alles komplett automatisiert abwickeln können. So kann der Beschaffungsprozess weiter verkürzt werden, indem auch die Bezahlung und die bei manchen Geschäften benötigte Absicherung auf der Plattform des elektronischen Marktplatzes getätigt wird.[9]

Auf eine integrierte Zahlungsabwicklung wird in Kapitel 5 näher eingegangen.

3. Erscheinungsformen und Ausprägungen elektronischer Marktplätze

3.1 Klassifizierung anhand der Art der Betreibermodelle

3.1.1 „Betreiber = Nachfrager" - Modell

Beim „Betreiber = Nachfrager" – Modell, auch Buy-Side genannt, sind **Einkaufsverbände** die Betreiber des Marktplatzes, um so durch größere Einkaufsmengen und größere Marktmacht Mengendegressionseffekte intensiv nutzen zu können.

Die wohl bekannteste Buy-Side Plattform ist Covisint (www.covisint.de), die von den Automobilherstellern General Motors, DaimlerChrysler und Ford im Februar 2000 gegründet wurde.[10]

3.1.2 „Betreiber = Anbieter" - Modell

Beim „Betreiber = Anbieter" – Modell, auch Sell-Side genannt, sind es die **Anbieter**, die einen Großteil des Angebotes auf sich konzentrieren. Ziele sind ein verbessertes Kundenbeziehungsmanagement, eine zentrale Auftragsabwicklung sowie die Dynamisierung des Absatzverlaufs. Der Marktplatz Netstrom (www.netstrom.de) ist eine solche verkaufsseitige Plattform im Bereich der Energieversorgung.[11]

3.1.3 Neutrales Betreiber - Modell

Ein weiteres Betreibermodell betont die Neutralität des Marktplatzes. Hier betreibt ein **unabhängiger Dritter** (Third Party, Trust Center) den Marktplatz und schafft dadurch besonderes Vertrauen gegenüber den Teilnehmern, die ja oft brisante Unternehmensinformationen preisgeben müssen, um sich effektiv am Handel über diese Plattform beteiligen zu können.

---

[9] Vgl. Nenninger, Michael / Lawrenz, Oliver: B2B-Erfolg durch eMarkets, 2001, S. 201 ff.
[10] Vgl. Glasner, Dr. Kurt: Information Management & Consulting 16, 2001, S. 81
[11] Vgl. Richter, Katja/ Nohr, Holger: Elektronische Marktplätze, 2002, S. 67

Eine unabhängige Plattform mit polypolistischer Struktur, SupplyOn, ist in Kapitel 6 ausführlich beschrieben.[12]

3.2 Unterscheidung anhand der gehandelten Produkte und Dienstleistungen
3.2.1 Verwendungszweck
Direkte Güter, also bspw. Rohstoffe, Vorprodukte und Komponenten, gehen direkt in den Produktionsprozess ein.

Indirekte Güter, MRO-Güter, (Maintenance, Repair and Operation) gehen nicht direkt in den Produktionsprozess ein. Dies können Möbel, Büroausstattung, Maschinen usw. sein.[13]

Auf Content-, Expertenrat- und Personalmarktplätzen wird vorwiegend mit Informationen gehandelt.[14]

3.2.2 Beschreibung
Güter der Büroausstattung kommen mit einer einfachen Beschreibung aus, während komplexe Güter wie komplizierte Elektronikbauteile, Individualsoftware, Dienstleistungen oder Spezialmaschinen eine ausführlichere Beschreibung benötigen und somit nicht ohne weiteres automatisiert bestellbar sind.[15]

3.2.3 Beschaffenheit
Es wird auch zwischen digitalisierbaren und physischen Gütern unterschieden. Erstgenannte sind natürlich ideal für die Abwicklung über den elektronischen Handel, da hier die Logistik im ursprünglichen Sinn komplett wegfällt und sich das Gut beliebig oft und mit geringem Aufwand vervielfältigen lässt (Individuelle Anfertigungen in digitaler Form sind natürlich meist nur einmalig zu verwenden).[16]

3.3 Differenzierung anhand des Branchenbezuges
3.3.1 Horizontale Marktplätze
Horizontale Marktplätze sind branchenübergreifend orientiert. Über sie werden standardisierte und einfache, somit leicht zu beschreibende Produkte angeboten. Der Fokus liegt hier bei C-Artikeln wie Büroausstattung und Ersatzteilen. Erfolgsentscheidend für den

---

[12] Vgl. Glasner, Dr. Kurt: Information Management & Consulting 16, 2001, S. 81
[13] Richter, Katja/ Nohr, Holger: Elektronische Marktplätze, 2002, S. 89
[14] Vgl. Heilmann, Heidi: Elektronische Marktplätze, HDM 223, 2002, S. 31 ff
[15] Vgl. Richter, Katja/ Nohr, Holger: Elektronische Marktplätze, 2002, S. 90, 91
[16] Vgl. Richter, Katja/ Nohr, Holger: Elektronische Marktplätze, 2002, S. 90, 91

Marktplatzbetreiber ist, dass er ein großes Sortiment mit niedrigem Preisniveau realisieren kann.[17]

VerticalNet (www.verticalnet.com) und Global Trading Web sind hierzu die bekanntesten Beispiele.[18]

3.3.2 Vertikale Marktplätze

Vertikale Marktplätze haben einen klaren Branchenbezug und sind meist auf einen bestimmten Industriezweig ausgerichtet. Sämtliche Prozesse entlang der Wertschöpfungskette können dort durch intensive Betreuung und branchenspezifische Zusatzdienste besonders wirksam unterstützt werden.

Auch hier wird auf den in Kapitel 6 dargestellten Marktplatz SupplyOn (www.supplyon.com) verwiesen, welcher auch Engineering-Funktionalitäten in sein Leistungsangebot integriert hat.

Nach einer Studie von Goldman Sachs und Credit Swiss verschwimmen die Grenzen zwischen vertikalen und horizontalen Marktplätzen und gehen in eine zunehmende Vernetzung über.[19]

3.4 Unterscheidung nach Art des Zugangs

3.4.1 Geschlossene Marktplätze

Geschlossene Marktplätze gewähren nur einem ausgewählten Benutzerkreis Zugang zu deren Plattform. Sie entstehen oft aus früheren Eins-zu-Eins Beziehungen mit dem Ziel, weitere selbst zu bestimmende Akteure in den bestehenden Handel aufzunehmen, jedoch einer breiten Öffentlichkeit keinen Handel auf dieser Plattform zu gewähren.[20]

3.4.2 Offene Marktplätze

Offen betriebene Marktplätze sind das Pendant zu den eben genannten geschlossenen Marktplätzen. An ihnen kann jedes Unternehmen teilnehmen, wenn es die zur Zulassung erforderlichen Kriterien wie passendes Leistungssortiment und Seriosität erfüllt.[21]

---

[17] Vgl. aquisa – Die Zeitschrift für Führungskräfte in Verkauf und Marketing, Heft 12, 2001, S. 52 ff.
[18] Vgl. Richter, Katja/ Nohr, Holger: Elektronische Marktplätze, 2002, S. 69
[19] Vgl. Markus Quicken: Konzeption eines Marktplatzes, HMD 219, S. 93
[20] Vgl. Richter, Katja/ Nohr, Holger: Elektronische Marktplätze, 2002, S. 73
[21] Vgl. Richter, Katja/ Nohr, Holger: Elektronische Marktplätze, 2002, S. 74

3.4.3 Halboffene Marktplätze

Bei halboffenen Marktplätze ist entweder die Verkäufer- oder die Käuferseite nur bestimmten Teilnehmern (meist Konsortien) vorbehalten, mit dem Ziel, die eigene Beschaffung zu optimieren, jedoch ohne jedem Konkurrenzunternehmen eine günstige Beschaffung über die Plattform zu ermöglichen.[22]

3.5 Unterschiedliche Marktmechanismen

Die grundlegende Funktion eines elektronischen Marktplatzes ist es, Transaktionen anzubahnen und abzuwickeln. Dafür existieren verschiedene Mechanismen, die sich vor allem in der Preisfindung unterscheiden. Oft sind die im Folgenden dargestellten Mechanismen miteinander verknüpft bzw. bauen aufeinander auf.

3.5.1 Schwarze Bretter

Mit 77% sind Schwarze Bretter (Black Boards) die meist genutzten Transaktionsmechanismen in Deutschland. Bei dieser relativ einfach zu realisierenden Form werden Angebote aus einer Datenbank dargestellt und mit einem Mechanismus zu Suchen und Finden ausgestattet. Man kann nach Produktgruppen sortieren und sich zu einem ausgewählten Artikel alle Anbieter auflisten lassen. Die Durchführung des eigentlichen Geschäftsabschlusses und des letztendlich gültigen Preises wird jedoch auf konventionellem Weg per Telefon, Fax, Post und/ oder Email durchgeführt.[23]

3.5.2 Auktionen

Im Gegensatz zu einfachen Produktkatalogen wird bei Auktionen eine dynamische Preisfindung ermöglicht.[24]

So können hier die teilnehmenden Unternehmen in direktem Wettbewerb untereinander an einer Ausschreibung teilnehmen oder Produkte und Dienstleistungen zum Verkauf anbieten. Die am häufigsten eingesetzten Auktionsverfahren sind sicher die englische und die holländische Auktion.[25]

---

[22] Vgl. Richter, Katja/ Nohr, Holger: Elektronische Marktplätze, 2002, S. 74
[23] Internetquelle: www.berlecon.de/studien/b2b3/leseprobe.html, Berlecon Research, 2002
[24] Vgl. Richter, Katja/ Nohr, Holger: Elektronische Marktplätze, 2002, S. 77
[25] Vgl. Kollmann, T.: Virtuelle Marktplätze – Grundlagen, Management, Fallstudie, 2001, S. 88

3.5.2.1 Englische Auktionen

Die als wohl bekannteste Auktionsart geltende englische Auktion erfolgt unter offener Gebotsabgabe der Interessenten. Der vom Verkäufer festgelegte Mindestpreis erhöht sich aufgrund von Geboten, bis zum Ende der Laufzeit der Höchstbieter feststeht und den Zuschlag erhält.[26]

3.5.2.2 Holländische Auktionen

Die holländische Auktion ist das Gegenstück zur englischen Auktion. Hier fallen die Preise kontinuierlich in vorher festgelegten Schritten und Zeitabständen, bis ein Käufer zuschlägt.[27]

3.5.2.3 Reverse Auctions

Bei der Reverse Auction gibt ein Interessent eine Kaufanfrage mit erforderlichem Mindestgebot ab; der Anbieter mit dem niedrigsten Preisgebot erhält den Zuschlag für das Gut bzw. für die Dienstleistung.[28]

3.5.2.4 Geheime Höchstpreisauktion und Vickrey Auktion

Bei der geheimen Höchstpreisauktion, die eine Abwandlung der englischen und holländischen Auktion ist, zahlt der Höchst-/Mindestbietende den zweithöchsten/-niedrigsten Preis. Es darf pro Bieter nur ein verdecktes Gebot abgegeben werden. Ähnlich bei der Vickrey Auktion, nur dass hier der Gewinner der Auktion den Preis des zweithöchsten Gebotes bezahlen muss.[29]

3.5.3 Börsen

An Börsen übernimmt ein automatischer Agent das Zusammenführen von Käufern und Verkäufern.[30]

Die Preisbildung findet nach dem gleichen Prinzip wie an Wertpapierbörsen statt.

Nach dem automatischen Preisabgleich nehmen die Beteiligten Kontakt miteinander auf. Dieser dynamische Preisfindungsprozess eignet sich vor allem für Güter, die extreme Preisschwankungen unterliegen.[31]

---

[26] Vgl. Nenninger, Michael / Lawrenz, Oliver: B2B-Erfolg durch emarkets, 2001, S. 208
[27] Vgl. Peters, Ralf: Elektronische Märkte, 2002, S. 81ff
[28] Vgl.Glasner, Dr. Kurt: Information Management & Consulting 16, 2001, S. 81
[29] Vgl. Amor, D.: Dynamic Commerce – Online Auktionen, 2000, S. 52
[30] Vgl. Spiller, D./ Wichmann, T.: B2B-Marktplätze in Deutschland, 2000, S. 24
[31] Vgl. Richter, Katja/ Nohr, Holger: Elektronische Marktplätze, 2002, S. 83, 84

3.5.4 Kataloge

Die Präsentation der Güter erfolgt hier in nach Eigenschaften sortierten Produktkatalogen mit der Angabe von festen Preisen. Oft ist hier auch eine Bestellfunktion integriert. Kataloge eignen sich aufgrund ihrer statischen Funktionen nur für standardisierte Güter.[32]

4. Sicherheit beim elektronischen Handel

Laut einer Studie der Explido GmbH & Co. KG sind für viele Einkäufer Sicherheit und Vertrauen wichtiger als Inhalte und Zusatzdienste.[33]

Die im Folgenden aufgezeigten Sicherheitsanforderungen hängen stark voneinander ab und müssen somit eine lückenlose Integration und Kooperation untereinander gewährleisten.[34]

4.1 Abhörsicherheit

Beim Versand der Daten über öffentliche Netze ist ein Zugriff unbefugter Teilnehmer nie ausgeschlossen.

Damit widerrechtlich erlangte Daten nicht eingesehen werden können, müssen diese verschlüsselt werden. Gängige Verschlüsselungsverfahren transformieren Klartext mit Hilfe anderer Daten, dem so genannten Schlüssel, in eine Ausgabe, von der, ohne Kenntnis des passenden Schlüssels, nicht mehr auf den ursprünglichen Klartext geschlossen werden kann.[35]

Das gebräuchlichste Verfahren ist der asymmetrische RSA-Algorithmus, welcher mit einem privaten und einem öffentlichen Schlüssel auf Basis der Primfaktorenzerlegung großer Zahlen arbeitet.[36]

4.2 Authentizität und Integrität

Die gängigste Form der Authentifizierung eines Benutzers sind sicherlich Passwörter, welche jedoch aufgrund ihrer Nachteile weniger für komplexe Geschäftsabwicklungen im B2B-Bereich geeignet sind.

Auch hier kommen asymmetrische Verschlüsselungsverfahren wie die digitale Signatur (DSS) zum Einsatz. Sie besitzen die Eigenschaft eine Nachricht zu verschlüsseln und

---

[32] Vgl. Richter, Katja/ Nohr, Holger: Elektronische Marktplätze, 2002, S. 75 ff.
[33] Vgl. Internetquelle: Gammel, Robert: Elektronische Marktplätze, www.computerwoche.de, 2. Juli 2001
[34] Vgl. Zwißler, Sonja: Electronic Commerce Electronic Business, 2002, S. 100ff
[35] Vgl. Peters, Ralf: Elektronische Märkte, 2002, S. 9 ff.
[36] Vgl. Staiger, Andreas: Zahlungssysteme/ E-Banking, HMD 224, 2002, S. 29 ff.

sicherzustellen, dass das Dokument wirklich vom angegebenen Absender stammt, unterzeichnet und auch im Nachhinein nicht mehr abgeändert wurde.[37]

4.3 Zugangskontrolle

Da in firmeninterne Daten nur so wenig Personen wie nötig Einblick haben sollten, müssen Zugriffsrechte an die Benutzer erteilt werden.

Zudem müssen Firewall-Systeme sicherstellen, dass kein unauthorisierter Zugriff von außen auf die EDV-Systeme des Marktplatzanbieters sowie allen beteiligten Akteuren möglich ist.[38]

4.4 Zeitsignatur

Vor allem bei zeitkritischen Vertragsabschlüssen, wie z. B. fristgebundenen Angeboten, ist es wichtig, den genauen Zeitpunkt des Auftrages rekonstruieren zu können. Über Zeitsigniersysteme können Dokumente manipulationssicher mit dem gesetzlich gültigen DCF-Zeitsignal versehen werden.[39]

4.5 Verfügbarkeit

Die Erreichbarkeit des Marktplatzsystems sowie von allen darin integrierten Systemen der Teilnehmer muss zu jeder Zeit sichergestellt sein, um einen automatisierten und effektiven Handel zu gewährleisten. Dazu müssen die eingesetzten Serversysteme und die physikalischen Verbindungen so ausgelegt sein, dass sie sowohl Ausfälle einzelner Teilbereiche überbrücken sowie Einflüssen von außen, z. B. Denial of Service Attacken, standhalten können.[40]

4.6 Auditing

Um getätigte Transaktionen nachvollziehbar zu machen, ist eine genaue Protokollierung der Vorgänge nötig. Diese Protokollierung berücksichtigt, was wer wann und wo im System getan hat.[41]

---

[37] Vgl. Peters, Ralf: Elektronische Märkte, 2002, S. 11
[38] Vgl. Nenninger, Michael / Lawrenz, Oliver: B2B-Erfolg durch emarkets, 2001, S. 196
[39] Vgl. Jessen, Doris: e-commerce magazin, Heft 10, 2002, S. 53, 54
[40] Vgl. Heilmann, Heidi: Elektronische Marktplätze, 2002, S. 66 ff.
[41] Vgl. Zwißler, Sonja: Electronic Commerce Electronic Business, 2002, S. 104

5. Business Services - Zahlungsabwicklung

Zusätzliche eServices können elektronische Marktplätze noch attraktiver und effizienter gestalten. Es können Dienstleistungen wie Logistik, Bonitätsprüfung, Zahlungsabwicklung, Qualitätskontrolle, Versicherungsleistungen, Treuhand-Funktionen usw. integriert werden und somit enorme Kosten- und Zeitersparnisse durch eine automatisierte Abwicklung realisiert werden.[42]

Der zusätzliche Service „Zahlungsabwicklung" soll nun ausführlicher dargestellt werden: Während sich im B2C-Bereich Bezahlverfahren wie Kreditkarte, Post-Nachnahme, Vorauskasse, Lastschriftverfahren und elektronisches Geld etabliert haben, werden B2B-Geschäfte seit jeher mit Zahlungsziel per Rechnung abgewickelt.

Dies ist vor allem im internationalen Handel und mit neuen Geschäftspartnern problematisch, da hier Zahlungsausfallrisiken, Wechselkursschwankungen, politische Risiken und andere Fristen für Zahlungsziele bestehen. Um sich gegen Wechselkursschwankungen abzusichern, müssen Optionsgeschäfte getätigt werden, und um Zahlungsausfallrisiken zu minimieren, muss z. B. ein Akkreditivgeschäft getätigt werden.[43]

Solche Absicherungsgeschäfte werden oft auf dem herkömmlichen Wege abgewickelt, neuerdings ist jedoch eine vermehrte Integration in elektronische Märkte zu beobachten. Bietet nun der Marktplatz die Möglichkeit, diese Zusatzkosten für Auslandsgeschäfte mit in den Angebotspreis eines ausländischen Anbieters einzubinden und eine Umrechnung in die eigene Währung, so ist eine direkte Vergleichbarkeit der Leistungen gewährleistet. Dadurch wird die Idee eines elektronischen Marktplatzes, nämlich das Zusammentreffen neuer Geschäftspartner und eine optimale Gegenüberstellung von Angebot und Nachfrage, gefördert.[44]

Im Sinne des Integrationsgedankens könnten sich zum Beispiel Inkassounternehmen mit dem Marktplatz verknüpfen. Diese treiben dann für die jeweilige Firma automatisiert die ausstehenden Gelder ein.[45]

---

[42] Vgl. aquisa – Die Zeitschrift für Führungskräfte in Verkauf und Marketing, Heft 12, 2001, S. 52 ff.
[43] Vgl. Nenninger, Michael / Lawrenz, Oliver: B2B-Erfolg durch emarkets, 2001, S. 236 ff.
[44] Vgl. Nenninger, Michael / Lawrenz, Oliver: B2B-Erfolg durch emarkets, 2001, S. 238, 239
[45] Internetquelle: www.icm.de/document/German/ICM_FS_Marketplace_END.pdf

6. Vorstellung des Marktplatzes SupplyOn

6.1 Unternehmensdaten

Als unabhängiges Unternehmen wurde SupplyOn im Sommer 2000 von führenden Unternehmen der Automobilzuliefererindustrie gegründet.

Bis heute investieren die Tier-1-Zulieferer Continental AG, INA Wälzlager Schaeffler oHG, Robert Bosch GmbH und ZF Friedrichshafen AG in eine gemeinsame, standardisierte Lösung für Automobilzulieferer. Seit Ende 2001 ist auch die Siemens VDO Automotive AG als Anteilseigner beteiligt.[46]

Die genaue Positionierung von SupplyOn ist im Anhang als Grafik zu finden.

Weitere 13 große Unternehmen der Automobilzulieferindustrie, sogenannte Associated Memebers, kamen hinzu, um den Marktplatz zusammen mit den Initiatoren für drei Jahre mit ca. 51 Mio. Euro zu tragen.[47]

Ab Januar 2003 soll sich der Konzern über eine Mischkalkulation aus Grund- und Transaktionsgebühren der Nutzer des Marktplatzes finanzieren.[48]

Das Unternehmen beschäftigt heute 65 Mitarbeiter mit Hauptsitz in Hallbergmoos / München und bietet seine Dienstleistungen mit weiteren Standorten in Paris, Frankreich und Detroit, USA auch weltweit an. Bei 785 teilnehmenden Unternehmen wurde durch die Anteilseigner und Associate Members ein Einkaufsvolumen von ca. 30 Mrd. Euro abgewickelt.[49]

6.2 Art des Marktplatzes

Diese als offen geführte Handelsplattform sorgt aufgrund ihrer Marktmacht für eine weitreichende Akzeptanz sowie für eine industrieübergreifende Standardisierung von Datenschnittstellen und Datenformaten, was kleinere Handelsplattformen nicht hätten realisieren können.[50]

Als Technologie-Partner wurde SAP gewählt, was eine nötige Back-End Integration an vorhandene SAP-ERP Lösungen erheblich vereinfacht.[51]

Der Marktplatz ist webbasiert, d.h. von jedem PC mit Internetanbindung per Webbrowser nutzbar, und bietet eine integrierte Lösung für Einkauf, Verkauf, Logistik und Engineering.

---

[46] Internetquelle: www.supplyon.com
[47] Vgl. Markus Quicken: Konzeption eines Marktplatzes, HMD 219, S. 89
[48] Internetquelle: www.informationweek.de/index.php3?/channels/channel41/012314.htm
[49] Internetquelle: www.supplyon.com
[50] Internetquelle: www.digitaltransformation.de (McKinsey&Company)
[51] Vgl. Markus Quicken: Konzeption eines Marktplatzes, HMD 219, S. 89 ff.

Dabei deckt SupplyOn vertikale und horizontale Bedürfnisse der Automobilbranche ab, was dem in Kapitel 2.2 erklärten One-Stop-Shopping entgegenkommt.[52]

6.3 Funktionalitäten

6.3.1 Einkauf

Der Einkäufer wählt zunächst einen geeigneten Lieferantenkreis über die Sourcing Funktionalität „SupplyOn Business Directory" aus. Ein Lieferantenvergleich wird durch eine übersichtliche Darstellung online sofort möglich.

Zudem kann der Einkäufer auch eine Liste der Maschinen- und Fertigungsmöglichkeiten der Lieferanten sehen und so ermitteln, wer seine Anforderungen an die Herstellungsmöglichkeiten seines Produktes erfüllt.

Nachdem der Einkäufer den ausgewählten Lieferanten seine Ausschreibung mitgeteilt hat, können diese sich durch eine Reverse-Auction, also eine Auktion mit fallenden Preisen, um den Auftrag bemühen.[53]

Eine über SupplyOn durchgeführte Angebotsanfrage kann so, mit Preisverhandlungen und anschließendem Vertragsschluss, von ca. 6 Wochen auf nur 3 Tage verkürzt werden.[54]

6.3.2 Verkauf

Wie beim Einkauf spielt auch hier das Business Directory eine zentrale Rolle. Es bietet eine standardisierte, firmenübergreifende Informations- und Präsentationsplattform um sich den Aufwand für mehrfache Einträge in Branchenverzeichnisse, Zeitungen etc. zu ersparen. Das System eRfQ (electronic Request for Quotation) dient zur Angebotserstellung auf Anfragen einkaufender Unternehmen. So können Angebotsprozesse mit bestehenden Kunden optimiert und Geschäftsmöglichkeiten bei Neukunden geschaffen werden.[55]

6.3.3 Logistik

Optimierungen sind über SupplyOn auch im logistischen Bereich möglich.

Schätzungen von Finanz- und Marktexperten belegen, dass der Lagerbestandswert 10-15% des Jahresumsatzes beträgt.[56]

Hier bietet der schnellere Informationsfluss Realtime-Daten, mit deren Hilfe sehr schnelle Reaktionen möglich sind, der Materialfluss verbessert und die Durchlaufzeiten verringert

---

[52] Internetquelle: www.supplyon.com
[53] Internetquelle: www.supplyon.com
[54] Vgl. Markus Quicken: Konzeption eines Marktplatzes, HMD 219, S. 91
[55] Internetquelle: www.supplyon.com
[56] Vgl.: Nenninger, Michael / Lawrenz, Oliver: B2B-Erfolg durch eMarkets, 2001, S. 320

werden können. Dies hilft den Lagerbestand zu reduzieren, die Produktionsleistung zu verbessern, die Transportkosten zu senken sowie das Kapazitätsmanagement entlang dieser Wertschöpfungskette optimal zu gestalten.[57]

6.3.4 Engineering

Die Engineering-Funktion unterstützt die Entwicklungspartner bei unternehmensübergreifenden Engineering-Projekten. Es kann z. B. zeitgleich von verschiedenen Ingenieuren an einer CAD-Zeichnung gearbeitet werden, welche durch einheitliche Standards über das Internet zugänglich wird. So können Informationen und Daten schnell und auf unterschiedlichen Systemen genutzt werden, um unternehmensübergreifend effizient und transparent arbeiten zu können. Virtuelle Teams können miteinander kommunizieren und so von der Projektplanung bis hin zur Projektausführung gemeinsam an einer Lösung arbeiten. Das Fazit ist eine beschleunigte Entwicklung und höhere Produktqualität bei reduzierten Entwicklungskosten.[58]

7. Ein Blick in die Zukunft

Bis Ende 2000 wurden in nahezu jeder Branche unzählige Marktplätze gegründet, wobei die meisten potentiellen Nutzer gerade mal auf 1-2 Marktplätzen aktiv sind bzw. aktiv werden wollen.[59]

Deswegen haben viele Marktplätze die zum Überleben notwendige kritische Masse an Transaktionen nie erreicht. Nach der großen Pleitewelle im Jahr 2001 wurden laut dem Investment-Portal Webmergers.com im ersten Halbjahr 2002 weltweit immerhin noch 330 E-Markets-Pleiten registriert.[60]

Ehe das Potential von Marktplätzen optimal genutzt werden kann, sind einige Veränderungen seitens der am Handel über einen elektronischen Marktplatz beteiligten Unternehmen notwendig. Dazu gehören organisatorische Umstrukturierungen wie Standardisierung und die Entwicklung neuer Prozesse, als auch die Verbesserung und Einführung neuer technologischer Systeme für eine saubere Integration.[61]

Seitens der Marktplätze muss laut Dorit Spiller, Senior Analystin bei Berlecon Research, ein Wandel „vom Vermittler zum Dienstleister"[62] eintreten, d. h. es sollte der gesamte

---

[57] Internetquelle: www.supplyon.com
[58] Internetquelle: www.supplyon.com
[59] Internetquelle: www.ecin.de/marktbarometer/b2b-b2c
[60] Vgl. Behler, Torsten: e-commerce Magazin, Heft 12, 2002, S. 36
[61] Internetquelle: www.wko.at/wp/b2b/WK-IWI-Studie/04_Auswirkungen.pdf
[62] Vgl. Spiller, Dorit: aquisa - Die Zeitschrift für Führungskräfte in Verkauf und Marketing, Heft 12, 2001,S. 53

Beschaffungsprozess über **eine Plattform** abgewickelt werden können, also inklusive Logistik, Bonitätsprüfung, Zahlungsabwicklung, Qualitätskontrolle, Versicherungsleistungen, usw. Erst wenn eine vollständige Integration realisiert ist, lässt sich das gesamte Potential des Onlinehandels über elektronische Marktplätze ausschöpfen.[63] Laut Stefan Rasch, Berater bei der Boston Consulting Group, liegen die Marktplätze, bei denen in Deutschland wirklich Umsatz generiert wird im B2B-Bereich unter 50.[64]

Ein neuer Hype steht auch schon bevor, zumindest umsatzmäßig: so sollen laut Forrester Research (Studie „The Future of Europes online B2B-Trade, Handelsblatt 11.Nov 2002) die 77 Mrd. Euro Umsatz über den B2B-Online-Handel im Jahre 2001 auf 2,2 Billionen Euro im Jahre 2006 katapultiert werden. Dies entspräche einem Online-Handel von 22% - Anteil am gesamten Handel. Um auf solche Umsatzsteigerungen zu kommen, sollen laut den Analysten von Forrester Research zunächst die Elektro-Ausrüster-, Chemie- und Logistikbranche vermehrt Transaktionen im B2B-Handel durchführen, gefolgt von der Maschinenbau-, Autobauer-, Metall- und Energieindustrie. Als Nachzügler folgen dann Branchen wie Nahrungsmittel, Textilwirtschaft und Haushaltswaren. So bleiben elektronische Marktplätze auch nach der Konsolidierung ein wichtiger Bestandteil im B2B-Handel.[65]

[63] Vgl. Zunke, Karsten: aquisa – Die Zeitschrift für Führungskräfte in Verkauf und Marketing, Heft 12, 2001, S. 53 ff
[64] Vgl. Rasch, Stefan: aquisa - Die Zeitschrift für Führungskräfte in Verkauf und Marketing, Heft 12, 2001, S. 52 ff.
[65] Internetquelle: www.ecin.de: Electronic Commerce Info Net, Forrester Research, 22.8.2002

Quellenverzeichnis

I. Literaturverzeichnis:

Amor, D.: Dynamic Commerce – Online Auktionen: Handeln mit Waren und Dienstleistungen in der Neuen Wirtschaft, Bonn, 2000

aquisa – Die Zeitschrift für Führungskräfte in Verkauf und Marketing, Heft 12, 2001

Behler, Torsten: e-commerce Magazin, Heft 12, 2002

Brenner W./ Breuer: Elektronische Marktplätze, 2001

Deutsch, Markus: Electronic Commerce – Zwischenbetriebliche Geschäftsprozesse und neue Marktzugänge realisieren, Braunschweig/ Wiesbaden, 1999

Heilmann, Heidi: Praxis der Wirtschaftsinformatik HMD 223 - Elektronische Marktplätze, Heidelberg, 2002

Hermanns & Sauter: Die elektronische Geschäftsabwicklung über öffentliche und private Netze, 1999

Information Management & Consulting: 2001, Heft 16

Jessen, Doris: e-commerce magazin, Heft 10, 2002

Kollmann, T.: Virtuelle Marktplätze – Grundlagen, Management, Fallstudie, München, 2001

Krause, Jörg: Electronic Commerce und Online-Marketing – Chancen, Risiken und Strategien, München, 1999

Peters, Ralf: Elektronische Märkte – Spieltheoretische Konzeption und agentenorientierte Realisierung, Heidelberg, 2002

Quicken, Markus: Praxis der Wirtschaftsinformatik HMD 219 – Fertigungsmanagement, Heidelberg, 2001

Richter, Katja/ Nohr, Holger: Elektronische Marktplätze – Potentiale, Funktionen und Auswahlstrategien, Aachen, 2002

Spiller, D./ Wichmann, T.: B2B-Marktplätze in Deutschland – Status quo, Chancen, Herausforderungen, Berlin, 2000

Staiger, Andreas: Praxis der Wirtschaftsinformatik HMD 224 - Zahlungssysteme/ E-Banking, HMD 224, Heidelberg, 2002

II. Internetquellen:

www.berlecon.de

www.beschaffungswelt.de

www.computerwoche.de

www.cordis.lu

www.digitaltransformation.de

www.eboss.ch/glossar.html

www.ecin.de

www.icm.de

www.informationweek.de

www.supplyon.com

www.wko.at

Anhang

Positionierung von SupplyOn

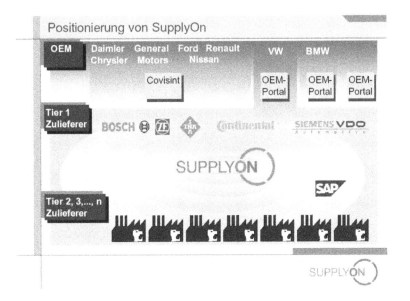